Inwiefern kann man von einer Verwandlung der Natur sprechen?

Felix Moustacakis

Bibliografische Information der Deutschen Nationalbibliothek:

Die Deutsche Nationalbibliothek verzeichnet diese Publikation in der Deutschen Nationalbibliografie; detaillierte bibliografische Daten sind im Internet über http://dnb.d-nb.de abrufbar.

ISBN: 9783389039656
Dieses Buch ist auch als E-Book erhältlich.

© GRIN Publishing GmbH
Trappentreustraße 1
80339 München

Druck und Bindung: Books on Demand GmbH, Norderstedt Germany
Gedruckt auf säurefreiem Papier aus verantwortungsvollen Quellen

Das Buch bei GRIN: https://www.grin.com/document/1485733

Universität Potsdam

Wintersemester/Sommersemester 2023/24

Philosophische Fakultät

Institut für Philosophie

Modul: Basismodul Akademische Grundkompetenzen

Lehrveranstaltung: Seminar

Inwiefern kann man von einer Verwandlung der Natur sprechen?

Abgabedatum: 26. Februar 2024

Verfasser: Félix Moustacakis

Studiengang: B.A.

Fachsemester: 1

Inhaltsverzeichnis

1. Einleitung

In dieser Seminararbeit werden wir uns mit der Frage, „Inwiefern kann man von einer Verwandlung der Natur sprechen?", beschäftigen. Um zu versuchen diese Frage zu beantworten werden wir uns primär mit den Begriffen des Natürlichen und des Hergestellten beschäftigen. D.h., eine sich davor zu stellende Frage ist, „Was ist der Unterschied zwischen Natürlichem und Hergestellten?". Diese „klassische" Frage der Philosophie, „Was ist der Unterschied zwischen Natürlichem und Hergestellten?", wurde schon von Aristoteles versucht zu beantworten. Deswegen ist es auch mit der aristotelischen Konzeption vom Natürlichem und vom Hergestellten, mit der wir arbeiten werden. Eine weitere Frage, die es gilt vor der Frage, „Inwiefern kann man von einer Verwandlung der Natur sprechen?", zu beantworten, ist die Frage des Zweckes. Es mag noch nicht klar sein, welche Rolle der Zweck in der Verwandlung spielt, doch ohne diesen gäbe es keine Verwandlung der Natur durch den Menschen, und weshalb werden wir im Teil über die, *Kritik der Urtheilskraft*, herausfinden. Die uns interessierenden, von Kant definierten, Begriffe, sind die der *relativen Zweckmäßigkeit* und der *inneren Zweckmäßigkeit*, außerdem die des Zwecks und *Naturzwecks*. Zum Schluss werden wir durch unser gewonnenes Verständnis des Natürlichen und Hergestellten und der *relativen Zweckmäßigkeit* und *inneren Zweckmäßigkeit*, die Fragen, „Was ist in der Lage die Natur zu verwandeln?" und „In was kann die Natur verwandelt werden?", beantworten können.

In einem ersten Teil werden wir uns mit dem Ersten Kapitel aus dem zweiten Buch Aristoteles', *Physik, Vorlesung über Natur*, beschäftigen. In diesem Kapitel geht Aristoteles auf die Begriffe des Natürlichen und des Hergestellten ein. Mithilfe Aristoteles' Texts werden wir Natürliches und Hergestelltes definieren und somit auch probieren das Konzept der Natur an sich zu begreifen. Diese beiden Begriffe, des Natürlichen und des Hergestellten sind zentral für uns, denn wir wollen schlussendlich herausfinden, ob Natur in Hergestelltes verwandelt werden kann oder nicht. Weiterhin können wir uns fragen, ob jedes Ding wirklich klar in eine der beiden Kategorien eingeteilt werden kann (schließlich muss es dies ja nach Aristoteles). Was als Natürliches oder Hergestelltes gilt ist nicht immer ganz offensichtlich. Grundsätzlich werden wir in diesem Teil den Unterschied zwischen Natürlichem und Hergestelltem erarbeiten.

In einem Zweiten Teil werden wir uns mit den §§ 63-66 Aus Kants *Kritik der Urtheilskraft* beschäftigen. In diesen Paragrafen entwickelt Kant seine Definition der Begriffe Zweck und *Naturzweck*. Wir werden eben diese Begriffe einführen und erklären, ebenso wie die der *relativen* und der *inneren Zweckmäßigkeit*. Wir werden feststellen, dass der Natur als Ganzes nur eine *relative Zweckmäßigkeit* zugeteilt werden kann und dass diese in gewisser Weise der Grund für den Prozess der Verwandlung der Natur ist, d.i. nämlich die Nutzbarkeit der Natur für den Menschen. Es wird eben das Problem aufgebracht, dass der Natur keine *innere Zweckmäßigkeit* zugeteilt werden kann (zumindest nicht ohne Gott zu beweisen). Weiterhin wollen wir herausbekommen, ob Hergestelltem eine *relative* oder eine *innere Zweckmäßigkeit* zukommt. Alle diese Begebenheiten werden uns helfen, die Frage zu beantworten, „Kann die Natur in Hergestelltes verwandelt werden?".

In einem letzten Teil werden wir uns den Prozess der Verwandlung der Natur anschauen. Um herauszufinden, wie dies geschieht müssen wir nur verstehen, warum die Natur, in manchen Situationen, vom Menschen verwandelt wird. Es ist hier die Rede von einer bestimmten Haltung, von Menschen, d.h. ein gewisser Blick des Menschen auf die Natur. Die Verwandlung der Natur durch den Menschen ist also damit verbunden, wie er diese betrachtet, nämlich als Ressource, d.h. im Sinne ihrer Nützlichkeit. Wir werden uns also in diesem Teil anschauen, wie eine bestimmte Aktion des Menschen die Natur als Ganzes verändert, d.h. die Aktion des betrachten. Die Veränderung der Natur durch andere menschliche Aktion, ist bereits allgemein angenommen, wie das Betasten zu einem bestimmten Zwecke, deshalb fokussieren wir uns primär auf die Aktivität des Betrachtens. Aus unserer zuvor gemachten Analyse des Natürlichen und des Hergestellten und der *relativen* und *inneren Zweckmäßigkeit* werden wir eine simple, aber unausweichliche Schlussfolgerung ziehen müssen.

2. Die aristotelische Konzeption des Natürlichen und des Hergestellten

In Aristoteles', *Physik, Vorlesung über Natur*, unterscheidet Aristoteles von den Dingen, die von Natur aus sind und von den Dingen, die auf Grund anderer Ursachen existieren. Für Aristoteles ist ein jedes Ding entweder von Natur aus, d.h. natürlich, oder nicht von Natur aus, d.h. hergestellt, jedes Ding lässt sich in eine der beiden Kategorien einteilen, selbst wenn dies nicht immer offensichtlich ist. Diese Einteilung ist sinnvoll, selbst wenn sie manchmal Komplikationen herbeiführt, denn es gibt ganz klar keine weiteren existierenden Kategorien außer Natürlichem und Hergestelltem, Unterkategorien von diesen ja, aber keine autonomen Kategorien. Zwischen Natürlichem und Hergestelltem gibt es klare Unterschiede, welche wir ausmachen wollen. Aber es ist anzumerken, dass Aristoteles Hergestelltes und Natürliches unterscheidet, jedoch sieht er die beiden nicht wie Schwarz und Weiß oder Tag und

2

Nacht, denn wie wir sehen werden, gibt es zwischen den beiden, wenn auch überwiegend Unterschiede, Gemeinsamkeiten.

2.1.Natürliches

Unter Natürlichem versteht Aristoteles alles, was von Natur aus ist, d.h. Pflanzen, Tiere, Menschen und die Elemente Erde, Feuer, Luft und Wasser (von welchen man, in der antiken Philosophie, dachte, dass sie in verschiedenen Kombinationen sozusagen die Grundbausteine für alles Natürliche sind, d.h. das alles Natürliche entweder aus einem oder mehreren dieser Elemente bestand). Alle diese Dinge, Pflanzen, Tiere, Menschen und die Elemente Erde, Feuer, Luft und Wasser unterscheiden sich von den Dingen, die nicht von Natur aus sind, d.h. von den hergestellten Dingen. Denn im Unterschied zum Hergestellten hat *„ein jedes* [Ding, das von Natur aus ist] *in sich selbst einen Anfang von Veränderung und Bestand"*[1]. Diese, Veränderung und Bestand, sind je nachdem auf Raum, Wachstum und sterben oder Eigenschaftsveränderung bezogen. Wichtig bei den Dingen, die von Natur aus sind, ist das sie nicht auf Grund anderer Ursachen als sich selbst sind, sowie Artefakte es sind, sondern sich sozusagen von selbst verändern und bestehen. Natur ist in gewisser Weise für Aristoteles der Inbegriff der Veränderung, des Wachstum und des Fortbestandes uns schließlich des Vergehens.

Aristoteles unterscheidet die Begriffe *Naturbeschaffenheit* und *von Natur aus* oder *ist naturgemäß*. *Naturbeschaffenheit* kommt etwas Natürlichem an und für sich zu, im Gegensatz zu etwas Hergestelltem. *Von Natur aus* und *naturgemäß*, bedeutet das ein Ding sich auf eine bestimmte Art und Weise verhält, gezwungen ist sich auf eine bestimmte Art und Weise zu verhalten (in gewisser Weise spricht hier Aristoteles von den Gesetzten der Physik, d.i. von der Natur), d.h. sich zu verändern und zu bestehen, Aristoteles nimmt hier das Beispiel des Feuers und dessen Auftrieb nach oben, welcher, der Auftrieb nach oben, *Von Natur aus* ist oder *naturgemäß ist*.

2.2.Hergestelltes

Ein kunstmäßig Hergestelltes Ding, ein Artefakt, ein Objekt der Technik (im Sinne von *téchne*) oder wie immer auch man es heißen will, unterscheidet sich vom Natürlichen in erster Stelle, laut Aristoteles, als dass das Hergestellte auf Grund anderer Ursachen ist, und das, was von Natur aus ist, eben in sich einen Anfang von Veränderung und Bestand hat.

---

[1] Aristoteles, Physik, 192b, 15ff

Weiterhin hat ein Artefakt, „keinerlei Drang von Veränderung in sich"[2], außer wenn das Artefakt aus Stoffen (so wie Holz und Erde) deren *Naturbeschaffenheit*, es ist einen „Drang der Veränderung" zu haben, wird dieser Drang der Stoffe auch im Artefakt weiterbestehen. Wie wir aber weiter oben gesehen haben, kommt *Naturbeschaffenheit* Artefakten nicht an und für sich zu.

Hergestelltes erhält laut Aristoteles seine Bewegung von außen, um genau zu sein vom Menschen, der Dinge konzipiert und herstellt, diese Dinge nennt man künstlich oder durch die Kunst (hier wieder im Sinne von *téchne*) hergestellt. Der Mensch ist laut Aristoteles das einzige Lebewesen, welches Dinge herstellt. Selbst wenn die Spinne ein Netz webt, oder der Biber einen Damm baut, werden diese Gegenstände, da sie nicht vor dem Prozess ihrer Fabrikation konzipiert wurden, nicht zu Hergestelltem gezählt. Der Mensch ist der Einzige, der sein Werk vor der Herstellung konzipiert (vielleicht mit Ausnahme von Gott), das Tier handelt instinktiv oder aus Instinkt, weshalb keine seiner Aktionen von herstellen qualifiziert werden kann. Diese nun gewonnene Überzeugung, dass nur der Mensch Dinge herstellen kann, wird für uns in den kommenden Teilen der Arbeit von Relevanz sein, denn wie wir feststellen werden, kann nur der Mensch die Natur verwandeln, aus demselben Grund, welcher für die Herstellung von Dingen von Nöten ist, nämlich die Kapazität zu konzipieren.

3. Die kantischen Begriffe der *relativen* und der *inneren Zweckmäßigkeit* der Natur

Wir werden uns in diesem Teil mit den §§ 63-66 aus Immanuel Kants, *Kritik der Urtheilskraft,* beschäftigen. In diesen Paragrafen entwickelt Kant die Ideen der *relativen* und der *inneren Zweckmäßigkeit*. Wir wollen diese beiden Begriffe Kants definieren und fortentwickeln, d.h. in die für uns nützliche Richtung in Bezug auf die Frage, „Inwiefern kann man von einer Verwandlung der Natur sprechen?", leiten. Außer der Unterscheidung zwischen *relativer* und *innerer Zweckmäßigkeit*, macht Kant auch eine Unterscheidung zwischen den Begriffen Zweck und *Naturzweck*, diese beiden Begriffe wollen wir auf eine sinnvolle Weise in unsere Arbeit einbeziehen, denn deren Definition ist essenziell, um die Frage der Verwandlung der Natur zu beantworten. Ebenfalls wollen wir die Dialektik zwischen den Begriffen, des Zwecks und *Naturzwecks* und der *relativen* und *inneren Zweckmäßigkeit* herausarbeiten. Dieser Teil der Arbeit wird, so wie auch der erste Teil über Natürliches und Hergestelltes bei Aristoteles, als Grundbaustein für den dritten Teil dienen. Wir werden nämlich

---

[2] Aristoteles, Physik, 192b, 20

sehen, dass die Natur nur als Ganzes verwandelt werden kann, weil der Mensch in ihr nur Nutzbarkeit sieht.

3.1.*relative Zweckmäßigkeit*

Kant entwickelt im § 63 der, *Kritik der Urtheilskraft*, die Idee der *relativen Zweckmäßigkeit*. Die *relative Zweckmäßigkeit* (auch *äußere* oder *zufällige Zweckmäßigkeit* genannt), ist für Kant die Nutzbarkeit der Natur für den Menschen oder die Zuträglichkeit der Natur für alle anderen Geschöpfe (Nutzbarkeit und Zuträglichkeit weisen im Grunde auf das Gleiche hin, und werden von Kant nur für die Distinktion von Menschen und Geschöpfen gemacht, d.h. für Menschen sind manche Gegebenheiten nützlich und für Geschöpfe zuträglich). Kant in seiner Suche nach *Naturzwecken*, fragt sich berechtigt, ob nur weil etwas Nutzbarkeit für Menschen oder Zuträglichkeit für alle anderen Geschöpfe hat von *Naturzweck* qualifiziert werden kann, z.b. werden Flüsse, Gebirge oder Wüsten von Menschen als politische Grenzen benutzt oder (hier Kants Beispiel) Sandböden von und nur von Fichtenwäldern. Wichtig zur Erinnerung ist, dass man nur von einem Zweck der Natur sprechen kann, „wenn ein Verhältnis der Ursache zur Wirkung zu beurtheilen ist"[3]. Bei Kants Beispiel des nur für Fichten zuträglicher, vom Meer herbeigetragenen, Sandboden, ist das Meer Mittel zum Sandboden. Das Herbeitragen von Sand, des Meeres ist selbst aber auch Zweck (nicht Endzweck). So ist für Kant jede Begebenheit selbst Mittel und Zweck. Man kann sich fragen, ob irgendetwas ein Endzweck ist, denn alles ist entweder für Menschen nützlich oder für Geschöpfe zuträglich, z.b. wurden die Fichtenwälder wiederum, in großem Maße vor Kants Zeit von Menschen benutzt, und so würde man einfach von Mittel zu Zweck in einer unendlichen Schleife reden. So beschreibt Kant die *relative Zweckmäßigkeit*, welche eine zufällige Nutzbarkeit für Menschen oder Zuträglichkeit für alle andern Geschöpfe ist.

Dinge haben für Kant nicht mal eine *relative Zweckmäßigkeit*, wie etwa das Pferd, das zum Reiten oder der Stier, der zum Pflügen benutzt wird. Da dies für Kant nicht von der Natur prädestiniert war und nur durch die Freiheit vom Menschen möglich ist, kommt diesen Dingen, das Reiten vom Pferd oder das Pflügen mit dem Stier, nicht einmal eine *relative Zweckmäßigkeit* zu. Ich stimme Kant hier nicht gänzlich zu, denn wir sind nicht in der Lage zu urteilen, was von der Natur prädestiniert ist und was nicht, wenn überhaupt etwas prädestiniert ist, genauso wenig die Vernunft. Anschließens kann man, nur wenn man annimmt, dass Menschen auf dieser Erde leben mussten (etwa durch Gott), kann man sagen, dass alles,

---

[3] Kant, AA V, KdU, 366. 29ff.

was Menschen unentbehrlich ist, ein Zweck der Natur ist, also ein *Naturzweck*. Nur wenn die Existenz eines Geschöpfs, für welches Dinge zuträglich sind, selbst als *Naturzweck* betrachtet wird, können die Dinge welche zuträglich für das Geschöpf sind auch als *Naturzweck* betrachtet werden. Man kann also *relative Zweckmäßigkeit* nur unter dieser Bedingung als *Naturzweck* betrachten. Für Kant aber ist es unmöglich, durch die bloße Betrachtung der Natur, ein Geschöpf als *Naturzweck* zu qualifizieren. Dies verdeutlicht Kant im letzten Absatz des § 63, auf Menschen bezogen.

3.2. *innere Zweckmäßigkeit*

Kant unterscheidet zwischen den Begriffen Zweck und *Naturzweck*. Ein Ding ist für Kant entweder Zweck oder *Naturzweck*. Einem *Naturzweck* wohnt *innere Zweckmäßigkeit* inne, während dem Zweck nur eine *relative Zweckmäßigkeit* zukommt. Im § 64, der *Kritik der Urtheilskraft*, erklärt Kant welchen Dingen eine *innere Zweckmäßigkeit* innewohnt und welchen lediglich eine *relative Zweckmäßigkeit* zukommt. Zuallererst beginnt Kant mit dem Hergestellten, diesem kommt laut Kant nur eine *relative Zweckmäßigkeit* zu. Einem aus der Vernunft entsprungenen Ding wird von der Vernunft, „nur als Zweck für möglich vorgestellt"[4]. Für Kant kann also ein Produkt der Kunst, etwas Hergestelltes, nicht als *Naturzweck* angesehen werden.

Kant wird schließlich ein Ding finden, von welchem man sagen kann, es sei ein *Naturzweck*, dieses Ding muss, „von sich selbst Ursache und Wirkung [sein]"[5]. Ein solches Ding welches von sich selbst Ursache und Wirkung ist kann nur ein lebendiges Ding sein also ein Lebewesen, denn was sonst ist von sich selbst Ursache und Wirkung? Laut Kant nichts. Kant erläutert warum ein Lebewesen Ursache und Wirkung von sich selbst ist und darum, warum es ein *Naturzweck* ist, in drei Schritten. Kant nimmt als Beispiel des Lebewesens einen Baum, (Kant nennt jedoch keine bestimmte Gattung des Baums) genauso gut könnte man jedes andere Lebewesen nehmen, der einzige Unterschied bei manchen Lebewesen ist, dass sie sich ohne ein anderes Lebewesen ihrer Gattung fortpflanzen können (z.B. einige Pflanzen) oder mit allen (das ist z.B. der Fall für Würmer, welche Hermaphrodit sind). Bleiben wir ansonsten bei Kants, ganz simplen, Beispiel des Baumes, und gehen die drei Schritte Kants durch, welche Erklären warum ein Lebewesen Ursache und Wirkung von sich selbst ist, und somit ein *Naturzweck*. Erstens ein Baum erzeugt einen oder mehrere Bäume

---

[4] Kant, AA V, KdU, 370. 14ff.
[5] Kant, AA V, KdU, 370. 37.

derselben Gattung, d.h. Lebewesen bringen sich selbst, in einer Art Endlosschleife, hervor. Zweitens wächst der Baum und erzeugt sich so selbst als Individuum alle Lebewesen wachsen und in Kant Worten setzen sich selbst Materie hinzu. Drittens erzeugt der Baum Blätter, Wurzeln, Rinde usw., ohne welche er sterben würde und welche ohne ihn nicht existieren würden (diese Glieder sind wahrscheinlich der Grund, weshalb Kant hier den Baum als Beispiel für ein Lebewesen nimmt, denn bei diesem ist es deutlicher als bei anderen Lebewesen, z.B. dem Menschen).

Für Kant können nur Lebewesen als *Naturzwecke* betrachtet werden, weil nur ihnen, eine *innere Zweckmäßigkeit* innewohnt. Durch eine bloße Betrachtung der Natur kann man nur *organisierten Wesen* (Lebewesen, wessen Teile sich wechselseitig am Leben erhalten) eine *innere Zweckmäßigkeit* zuteilen, es ist jedoch möglich, wie wir bereits gesehen haben, dass z.B. der Mensch auf Erden leben sollte und er deshalb als *Naturzweck* betrachtet werden kann (er ist andererseits, weil er ein Lebewesen ist, sowieso ein *Naturzweck)*, dies kann man aber nicht nachweisen. Allem anderen kommt lediglich eine *relative Zweckmäßigkeit* zu, d.h. der unbelebten Natur und dem Hergestellten, somit also auch der Natur als Ganzes. Was *Naturzweck* ist und was bloß Zweck ist, wird uns im nächsten Teil der Arbeit, helfen die Frage zu klären, „Inwiefern kann man von einer Verwandlung der Natur sprechen?".

4. Die Verwandlung der Natur

In diesem Teil wollen wir uns mit der Verwandlung oder Transformation der Natur beschäftigen. Die Verwandlung der Natur geht über einen physischen Gestalten- oder Formenwechsel dieser hinaus, denn es geht um die Kreation einer neuen Konzeption der Natur. Wodurch die Natur verwandelt werden kann, wie die Natur verwandelt werden kann und in was die Natur verwandelt werden kann, wollen wir herausbekommen.

4.1.Die Verwandlung der Natur durch ihre *relative Zweckmäßigkeit*

Zuallererst muss gesagt werden, wie die offensichtliche Verwandlung der Natur durch den Menschen geschieht. Nehmen wir einfach das Beispiel eines umgepflanzten Baumes in einem Garten. Diesen, umgepflanzten, Baum würde man nicht in die Kategorie der Natürlichen Dinge tun, sondern in die der Hergestellten (ausführlicher werden wir dies im nächsten Unterteil besprechen). Hier ist ein erstes Beispiel für eine Verwandlung der Natur. Etwas Natürliches wird zu etwas Hergestelltem. Es ist offensichtlich, dass ein Garten ein Produkt der Kunst ist und nicht mehr ein Ding der Natur. Diese erste Verwandlung der Natur durch den Menschen beginnt wahrscheinlich mit der Seßhaftmachung im Neolithikum. Was interessant ist, ist das so bald Menschen beginnen die Natur zu domestizieren, sie diese nicht nur physisch verändern und somit verwandeln, sondern auch Anfangen sie mit einem neuen Blick zu sehen.

Diese Verwandlung der Natur entsteht erstmals durch die Bewusstwerdung der Nützlichkeit der Natur für den Menschen. Der Mensch sieht eine Nutzbarkeit in der Natur und setzt so die Verwandlung der Natur in Gange. Wie wir bereits geklärt haben, besitzt die Natur als Ganzes keine *innere Zweckmäßigkeit*, sondern ihr kann nur eine *relative Zweckmäßigkeit* zugeteilt werden. Die Transformation der Natur geschieht also über die bloße Ansicht des Menschen der Natur (oder seiner Konzeption der Natur). Man betrachtet die Natur als Ressource die Flüsse, die Sonne, den Wind et cetera als Energiequelle die Mineralien, Holz o.Ä. als natürliche Ressource. Diese Begriffe wie Natürliche Ressource, Naturgüter usw. bezeugen diese Idee und Konzeption der Natur als Nutzbar. Diese Natürlichen Ressourcen und Naturgüter werden als Bestandteile und Funktionen der Natur beschrieben und haben einen ökonomischen Nutzen für Menschen. Es ist aber offensichtlich, dass die Natur keine Güter hat oder natürliche Ressourcen, noch weniger hat die Natur Funktionen. Diese Verwandlung der Natur ist keine physische (wie die einen Absatz weiter oben beschriebene Verwandlung der Natur), sondern eine Verwandlung der Idee der Natur. Es geht darum, dass der Mensch bewusst die Natur als Mittel sieht. Ohne Bewusstsein aber würde es sowieso keine Natur geben, Geschichte et cetera. Die Idee, welche der Mensch von der Natur hat, bestimmt ob die Natur verwandelt wird. Die Verwandlung der Natur geschieht also zuallererst in den menschlichen Gedanken. Es gibt einen Weg die Natur nicht zu verwandeln es ist die Zwecklosigkeit der Natur einzusehen, warum dies aber so wenig Menschen tun, ist weil man sich Mensch selbst als zwecklos betrachten müsste (aus de simplen Grund, dass der Mensch zum Natürlichen gehört).

Es ist also klar, dass die allererste Verwandlung der Natur durch deren Konzeption geschieht, indem der Mensch die Natur als nützlich betrachtet, d.h. in ihr eine Nutzbarkeit sieht, wird die Natur transformiert. Es gibt sicherlich einen Zeitpunkt in der Geschichte oder Vorgeschichte, aber spätestens mit der Seßhaftmachung im Neolithikum ist dem Menschen die Nutzbarkeit der Natur bewusst geworden (zur selben Zeit wie der der Domestizierung der Natur). Die Natur ist für den Menschen schon davor nützlich gewesen, dies war ihm nur noch nicht bewusst (in diesem Falle könnte fast von Zuträglichkeit sprechen). Mit der Verwandlung der Natur kommt also unmittelbar auch die Verwandlung des Menschen, dieser distanziert sich von dieser zum Beispiel durch Religion, welche den Menschen eine *innere*

Zwickmäßigkeit gibt, weil Gott die Menschen auf Erden leben lassen hat, was heißt der Mensch würde zum *Naturzweck*.

4.2.Kann man wissen in was die Natur verwandelt wird?

Im oberen Teil Unterteil wurde festgestellt, dass die Natur in der Tat verwandelt wird. In diesem Teil werden wir uns mit der Frage beschäftigen, „Kann man wissen in was die Natur verwandelt wird?". Außerdem werden wir auf die aristotelische Konzeption des Natürlichen und des Hergestellten zurückgreifen. Dazu muss man sich fragen, ob sich die Natur als Ganzes wie Natürliches verhält. Für Aristoteles ist klar, dass es nur zwei Kategorien gibt, d.h. die überhaupt existieren, Natürliches und Hergestelltes. Wir haben bereits beide definiert. Wichtig ist das es keine anderen Kategorien gibt in welche Dinge reingehören könnten. Dies bedeutet folgendes: Ein umgepflanzter Baum, welcher im Prozesse der Umpflanzung entnatürlicht wurde, muss in die Kategorie der Hergestellten Dinge gehören, weil der Baum nicht mehr in die Kategorie der Natürlichen Dinge gehört und es keine weiteren Kategorien gibt. Wenn etwas aus einer Kategorie genommen wird, muss es in die andere Kategorie eingeordnet werden. Es ist also möglich, dass etwas Natürliches zu etwas Hergestelltem wird. Etwas Hergestelltes kann jedoch nicht zu etwas Natürlichem werden, aus dem einfachen Grund, dass es seine Ursache nicht in sich hat. Etwas Natürliches kann zu etwas Hergestelltem werden unter der Bedingung, dass es entnatürlicht wird, somit wird das Ding aus seiner früheren Kategorie der Natürlichen Dinge in die der Hergestellten Dinge getan (z.B. ein umgepflanzter Baum).

Diese Entnatürlichung geschieht auf zwei verschiedene Weisen. Erstens durch die physische Verwandlung der Natur durch den Menschen. Zweitens durch die Verwandlung der Idee oder Konzeption der Natur. Gucken wir uns den Naturpark oder das Naturschutzgebiet an. Die „Natur" in ihm (in Klammern gesetzt, weil es sich um eine andere Art von Natur handelt) ist eine entnatürlichte. Der Naturpark oder das Naturschutzgebiet existieren durch die gleiche Konzeption wie die welche die Natur als Ressource oder als zweckvoll ansieht (was durch diese Konzeption geschieht, haben wir im oberen Unterteil gesehen). Naturpärke existieren nur weil der Mensch weiß, dass er die darum liegende Natur ausbeutet oder vor hat dies zu tun. Es ist klar, dass die „Natur" des Naturparks keine veritable ist, sondern eine künstliche, ein Naturpark ist ein Produkt der Kunst. Hier haben wir also ein Beispiel von etwas Natürlichem, welches in etwas Hergestelltes verwandelt wurde. Die Frage, ob die Natur als Ganzes in Hergestelltes verwandelt werden kann bleibt offen.

Unser Planet Erde ist auf dem Wege zu seiner völligen Verwandlung in Hergestelltes.

9

Man kann sich fragen, ob der Mensch die Natur dominieren muss, damit diese in Hergestelltes verwandelt wird. Im oberen Unterteil haben wir aber gesehen, dass durch das bloße betrachten der Natur diese schon verwandelt werden kann. Diese Betrachtung hat sicherlich eine räumliche Grenze, wo diese aufhört, ist nicht ganz klar, aber sie kann bis jetzt nicht weit außerhalb unseres Sonnensystems liegen, d.h., dass der Mensch die Natur so weit als Ressource betrachtet, wie er sie dominiert, der Mensch selbst kann aber übermütig sein und deshalb muss man eher sagen, soweit der Mensch denkt die Natur zu dominieren. Es scheint so, als würde die Natur als Ganzes verwandelt, werden können, weil wie bereits geklärt wurde reicht es sich eine Konzeption der Natur als Ressource zu machen, um sie zu verwandeln. Natur kann sich aber nicht in Hergestelltes verwandeln, aus dem simplen Grund, dass der Begriff Hergestelltes sich auf Objekte bezieht, die Natur aber ist kein Objekt, sondern alles, was nicht hergestellt ist (die Natur ist unendlich, wenn das Universum unendlich ist, welches es wahrscheinlich ist). In dieser Arbeit werden wir also nicht weiter schließen, als dass die Natur verwandelt, wird in eine andere, aber immer noch eine Natur bleibt. Wodurch wird die Natur verwandelt? Durch den Menschen der in ihr eine Zweckmäßigkeit sieht. Worin wird die Natur verwandelt? Eine Antwort auf diese Frage können wir nicht geben, wir würden lediglich spekulieren. Die Frage dieser Arbeit, „Inwiefern kann man von einer Verwandlung der Natur sprechen?", wurde beantwortet. Der Mensch, sobald er die Natur als zweckvoll und nicht mehr als zwecklos betrachtet, setzt die Verwandlung der Natur in Gange. Menschen ist, nicht allen, die Nutzbarkeit der Natur bewusst, wodurch die Natur verwandelt wird. Es handelt sich also erstmals um eine Verwandlung der Idee der Natur. Die Ideen sind aber auch eigentlich, dass einzig wichtige, denn ohne Bewusstsein würde es im Endeffekt keine Natur geben. Dem Tier, der Pflanze ist die Zuträglichkeit für es der Natur nicht bewusst, somit können diese Lebewesen, Tiere und Pflanzen, die Natur überhaupt nicht verwandeln.

5. Zusammenfassende Betrachtung

Schlussfolgernd können wir sagen, dass die Frage, „Inwiefern kann man von einer Verwandlung der Natur sprechen?", erfolgreich beantwortet wurde, d.h., dass die Verwandlung der Natur beschrieben wurde. Durch das Verständnis der Begriffe Natürliches und Hergestelltes für Aristoteles konnten wir von der Verwandlung der Natur in Hergestelltes absehen und auf alle Fälle hat die Definition dieser Begriffe im ersten Teil der Arbeit die ganze restliche Arbeit unterstützt. Weiterhin hat die Analyse der Begriffe *relative Zweckmäßigkeit* und *innere Zweckmäßigkeit* und Zweck und *Naturzweck* bei Kant die Erklärung der Verwandlung der

Natur ermöglicht. Nämlich verwandeln Menschen das Konzept von der Natur durch die Betrachtung der Natur als von Nutzen zu sein. Denn bekanntermaßen kann der Natur nur eine *relative Zweckmäßigkeit* zugeteilt werden. Im letzten Teil, welcher auf den beiden ersten aufbaut, haben wir herausgefunden, dass die Natur durch das bloße Betrachten des Menschen verwandelt werden kann (es ist evident, dass die Natur auch durch das Betasten der Natur verwandelt werden kann). In diesem Falle, der Verwandlung der Natur, handelt es sich um die Verwandlung des Kerns der Natur, d.h. von dem, was die Natur überhaupt ist. Außerdem handelt es sich bei der physischen Verwandlung der Natur und der Verwandlung der Konzeption der Natur durch deren Betrachtung nicht um die Gleiche Verwandlung, wenn es sich auch um sehr ähnliche Verwandlungen handelt, aus dem Grund, dass beide einhergehen.

Literaturverzeichnis

Aristoteles: Physik I(A)-IV (Δ), Hamburg, 1987.

I. Kant, AA V: Kritik der praktischen Vernunft, Kritik der Urtheilskraft.